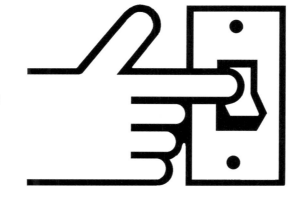

Die Schöpfung
The Creation
La création
La creazione
La creación

Juli Gudehus

GENESIS

Die Schöpfung
The Creation
La création
La creazione
La creación

Am Anfang schuf Gott Himmel und Erde.
In the beginning God created heaven and earth.
Au commencement, Dieu créa les cieux et la terre.
Nel principio Dio creò i cieli e la terra.
En el principio creó Dios los cielos y la tierra.

Und die Erde war wüst und leer,
And the earth was without form and void
Or la terre était vide et vague,
La terra era informe e vuota,
Y la tierra estaba desordenada y vacía

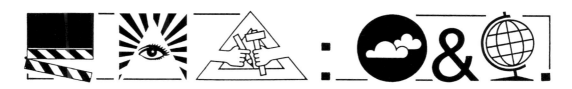

und es war finster auf der Tiefe,
and the deep was covered in darkness
les ténèbres couvraient l'abîme
le tenebre coprivano la faccia dell'abisso
y las tinieblas estaban sobre la faz del abismo

und der Geist Gottes schwebte auf dem Wasser.
and the Spirit of God was hovering over the waters.
un vent de Dieu tournoyait sur les eaux.
e lo Spirito di Dio aleggiava sulla superficie delle acque.
y el Espíritu de Dios flotaba sobre la faz de las aguas.

Und Gott sprach: »Es werde Licht.«
And God said, "Let there be light",
Dieu dit: «Que la lumière soit.»
Dio disse «Sia luce!»
Y dijo Dios: Sea la luz;

Und es ward Licht.
and there was light.
Et la lumière fut.
E luce fu.
y fue la luz.

Und Gott sah, daß das Licht gut war.
God saw that the light was good,
Dieu vit que la lumière était bonne,
Dio vide che la luce era buona;
Y vio Dios que la luz era buena;

Da schied Gott das Licht von der Finsternis
and he separated the light from the darkness.
et Dieu sépara la lumière et les ténèbres.
e Dio separò la luce dalle tenebre.
y separó Dios la luz de las tinieblas.

und nannte das Licht Tag
God called the light "day"
Dieu appela la lumière «jour»
Dio chiamò la luce «giorno»
Y llamó Dios a la luz Día

und die Finsternis Nacht.
and the darkness he called "night".
et les ténèbres «nuit».
e le tenebre «notte».
y a las tinieblas llamó Noche.

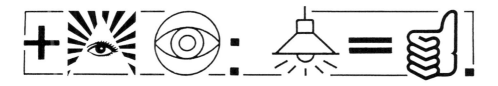

Da ward aus Abend und Morgen der erste Tag.
And after the first evening and morning there came the first day.
Il y eut un soir et il y eut un matin: premier jour.
Fu sera, poi fu mattina: primo giorno.
Y fue la tarde y la mañana un día.

Und Gott sprach: »Es werde eine Feste zwischen den Wassern,
And God said, "Let there be an expanse between the waters
Dieu dit: «Qu'il y ait un firmament au milieu des eaux
Poi Dio disse: «Vi sia una distesa tra le acque,
Luego dijo Dios: Haya expansión en medio de las aguas

die da scheide zwischen den Wassern.«
to separate water from water."
e qu'il sépare les eaux d'avec les eaux.»
che separi le acque dalle acque.»
y separe las aguas de las aguas.

Da machte Gott die Feste
So God made the expanse
Dieu fit le firmament
Dio fece la distesa
E hizo Dios la expansión

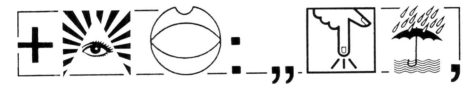

und schied das Wasser unter der Feste von dem Wasser über der Feste.
and separated the water under the expanse from the water above it.
qui sépara les eaux qui sont sous le firmament d'avec les eaux qui sont au-dessus du firmament.
e separò le acque che erano sotto la distesa dalle acque che erano sopra la distesa.
y separó las aguas que estaban debajo de la expansión de las que estaban sobre la misma.

Und es geschah so.
And it was so.
Et il en fut ainsi.
E cosí fu.
Y fue así.

Und Gott nannte die Feste Himmel.
And God called the expanse "sky".
Dieu appela le firmament «ciel».
Dio chiamò la distesa «cielo».
Y llamó Dios a la expansión Cielos.

Da ward aus Abend und Morgen der zweite Tag.
And after the evening and morning there came the second day.
Il y eut un soir et il y eut un matin: deuxième jour.
Fu sera, poi fu mattina: secondo giorno.
Y fue la tarde y la mañana el día segundo.

Und Gott sprach:
And God said,
Dieu dit:
Poi Dio disse:
Dijo también Dios:

»Es sammle sich das Wasser unter dem Himmel an besonderem Orte,
"Let the water under the sky be gathered to one place,
«Que les eaux qui sont sous le ciel s'amassent en une seule masse
«Le acque che sono sotto il cielo siano raccolte in un unico luogo
Júntense las aguas que están debajo de los cielos en un lugar

daß man das Trockene sehe.«
and let dry ground appear."
et qu'apparaisse le continent.»
e appaia l'asciutto.»
y descúbrase lo seco.

Und es geschah so.
And it was so.
Et il en fut ainsi.
E cosí fu.
Y fue así.

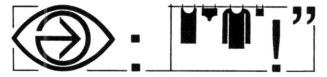

Und Gott nannte das Trockene Erde,
God called the dry ground "land",
Dieu appela le continent «terre»
Dio chiamò l'asciutto «terra»
Y llamó Dios a lo seco Tierra

und die Sammlung der Wasser nannte er Meer.
and the gathered waters he called "seas".
et la masse des eaux «mers».
e chiamò la raccolta delle acque «mari».
y a la reunión de las aguas llamó Mares.

Und Gott sah, daß es gut war.
And God saw that it was good.
Et Dieu vit que cela était bon.
Dio vide che questo era buono.
Y vio Dios que era bueno.

Und Gott sprach: »Es lasse die Erde aufgehen Gras und Kraut,
Then God said, "Let the land produce vegetation:
Dieu dit: «Que la terre verdisse de verdure: des herbes
Poi Dio disse: «Produca la terra della vegetazione, delle erbe
Después dijo Dios: Produzca la tierra hierba verde,

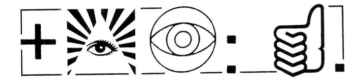

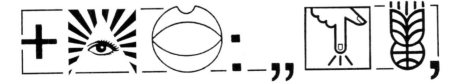

das Samen bringe,
seed-bearing plants
portant semence
che facciano seme
hierba que dé semilla;

und fruchtbare Bäume auf Erden,
and fruitful trees on the land
et des arbres fruitiers donnant sur la terre
e degli alberi fruttiferi sulla terra
árbol de fruto sobre la tierra

die Früchte tragen,
that bear fruit
selon leur espèce des fruits
che portino del frutto
que dé fruto,

in denen ihr Same ist.«
with seeds in them."
contenant leur semence.»
avente in sé la propria semenza.»
que su semilla esté en él.

Und es geschah so.
And it was so.
Et il en fut ainsi.
E cosí fu.
Y fue así.

Und die Erde ließ aufgehen Gras und Kraut, ein jedes nach seiner Art,
The land produced vegetation: plants according to their kinds
Et la terre produisit de la verdure et de l'herbes selon son espèce,
La terra produsse della vegetazione, delle erbe secondo la loro specie
Produjo, pues, la tierra hierba verde, hierba según su naturaleza,

und Bäume, ein jeder nach seiner Art.
and trees according to their kinds.
et des arbres chacun selon son espèce.
degli alberi, secondo la loro specie.
y árbol, según su género.

Und Gott sah, daß es gut war.
And God saw that it was good.
Et Dieu vit que cela était bon.
Dio vide che questo era buono.
Y vio Dios que era bueno.

Da ward aus Abend und Morgen der dritte Tag.
And after the evening and morning there came the third day.
Il y eut un soir et il y eut un matin: troisième jour.
Fu sera, poi fu mattina: terzo giorno.
Y fue la tarde y la mañana el día tercero.

Und Gott sprach: »Es werden Lichter am Himmel,
And God said, "Let there be lights in the expanse of the sky
Dieu dit: «Qu'il y ait des lumières au firmament du ciel
Poi Dio disse: «Vi siano delle luci nella distesa dei cieli
Dijo luego Dios: Haya lumbreras en la expansión de los cielos

die da scheiden Tag und Nacht
to separate the day from the night,
pour séparer le jour et la nuit;
per separare il giorno dalla notte;
para separar el día de la noche;

und geben Zeichen und Zeiten
and let them serve as signs to mark seasons and days and years,
qu'ils donnent des signes et des époques
siano dei segni per le stagioni, per i giorni e per gli anni;
y sirvan de señales para las estaciones, para días y años

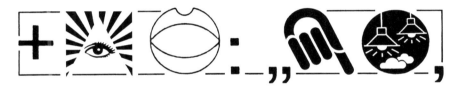

und scheinen auf die Erde.«
to give light on earth."
et pour éclairer la terre.»
facciano luce sulla terra.»
para alumbrar sobre la tierra.

Und es geschah so.
And it was so.
Et il en fut ainsi.
E cosí fu.
Y fue así.

Und Gott machte ein Licht, das den Tag regiere,
God made a light to govern the day
Dieu fit un luminaire comme puissance du jour
Dio fece una luce per presiedere al giorno
E hizo Dios una lumbrera para que señorease en el día

und ein Licht, das die Nacht regiere,
and a light to govern the night.
et un luminaire comme puissance de la nuit,
e una luce per presiedere alla notte;
y una lumbrera para que señorease en la noche;

dazu auch die Sterne.
He also made the stars.
et les étoiles.
e fece pure le stelle.
hizo también las estrellas.

Und Gott sah, daß es gut war.
And God saw that it was good.
Et Dieu vit que cela était bon.
Dio vide che questo era buono.
Y vio Dios que era bueno.

Da ward aus Abend und Morgen der vierte Tag.
And after the evening and morning there came the fourth day.
Il y eut un soir et il y eut un matin: quatrième jour.
Fu sera, poi fu mattina: quarto giorno.
Y fue la tarde y la mañana el día cuarto.

Und Gott sprach: »Es wimmle das Wasser von Getier,
And God said, "Let the water teem with living creatures
Dieu dit: «Que les eaux grouillent d'un grouillement d'êtres vivants
Poi Dio disse: «Producano le acque in abbondanza esseri viventi,
Dijo Dios: Produzcan las aguas seres vivientes

und Vögel sollen fliegen auf Erden unter dem Himmel.«
and let birds fly above the earth across the expanse of the sky."
et que des oiseaux volent au-dessus de la terre contre le firmament du ciel.»
e volino degli uccelli sopra la terra per l'ampia distesa del cielo.»
y aves que vuelen sobre la tierra, en la abierta expansión de los cielos.

Und Gott schuf alles Getier, davon das Wasser wimmelt,
So God created every living and moving thing with which the water teems
Dieu créa tous les êtres vivants qui glissent et qui grouillent dans les eaux
Dio creò tutti gli esseri viventi che si muovono e che le acque produssero in abbondanza
Y creó Dios todo ser viviente que se mueve, que las aguas produjeron

ein jedes nach seiner Art,
according to their kinds
selon leur espèce
secondo la loro specie,
según su género

und alle gefiederten Vögel,
and every winged bird
et toute la gent ailée
e ogni volatile
y toda ave alada

einen jeden nach seiner Art.
according to its kind.
selon son espèce.
secondo la sua specie.
según su especie.

Und Gott sah, daß es gut war.
And God saw that it was good.
Et Dieu vit que cela était bon.
Dio vide che questo era buono.
Y vio Dios que era bueno.

Und Gott segnete sie
God blessed them
Dieu les bénit
Dio li benedisse
Y Dios los bendijo

Und sprach: »Seid fruchtbar
and said, "Be fruitful
et dit: «Soyez féconds,
dicendo: «Crescete
diciendo: Fructificaos

und mehret euch!«
and increase in number."
multipliez!»
e moltiplicatevi.»
y multiplicaos.

Da ward aus Abend und Morgen der fünfte Tag.
And after the evening and morning there came the fifth day.
Il y eut un soir et il y eut un matin: cinquième jour.
Fu sera, poi fu mattina: quinto giorno.
Y fue la tarde y la mañana el día quinto.

Und Gott sprach: »Die Erde bringe hervor lebendiges Getier.«
And God said, "Let the land produce living creatures."
Dieu dit: «Que la terre produise des êtres vivants.»
Poi Dio disse: «Produca la terra animali viventi.»
Luego dijo Dios: Produzca la tierra seres vivientes.

Und es geschah so.
And it was so.
Et il en fut ainsi.
E cosí fu.
Y fue así.

Und Gott machte die Tiere des Feldes
God made the wild animals,
Dieu fit les bêtes sauvages selon leur espèce,
Dio fece gli animali selvatici della terra,
E hizo Dios animales de la tierra

und das Vieh und alles Gewürm, ein jedes nach seiner Art.
the livestock and all the creatures that move along the ground according to their kinds.
les bestiaux selon leur espèce et toutes les bestioles du sol selon leur espèce.
il bestiame e tutti i rettili della terra secondo le loro specie.
y ganado y todo animal que se arrastra sobre la tierra según su especie.

Und Gott sah, daß es gut war.
And God saw that it was good.
Et Dieu vit que cela était bon.
Dio vide che questo era buono.
Y vio Dios que era bueno.

Und Gott sprach: »Lasset uns Menschen machen,
Then God said, "Let us make man
Dieu dit: «Faison l'homme
Poi Dio disse: «Facciamo l'uomo
Entonces dijo Dios: Hagamos al hombre

ein Bild, das uns gleich sei,
in our image, in our likeness,
à notre image,
a nostra immagine, conforme alla nostra somiglianza,
a nuestra imagen, conforme a nuestra semejanza;

die da herrschen über alles Getier.«
and let them rule over every beast."
et qu'il domine sur tous les animaux.»
e abbia dominio su ogni animale.»
y señoread en todo animal.

Und Gott schuf den Menschen als Mann
So God created male
Dieu créa l'homme
Dio creò l'uomo;
Y creó Dios al hombre,

und Weib,
and female
et la femme
e femmina,
varón y hembra los creó,

zum Bilde Gottes schuf er ihn.
and created him in the image of God.
à l'image de Dieu il les créa.
lo creò a immagine di Dio.
a imagen de Dios lo creó.

Und Gott segnete sie
And God blessed them
Dieu les bénit
Dio li benedisse;
Y los bendijo Dios

und sprach zu ihnen: »Seid fruchtbar
and said to them, "Be fruitful
et leur dit: «Soyez féconds
e Dio disse loro: «Siate fecondi
y les dijo: Fructificaos

und mehret euch
and increase in number;
et multipliez,
e moltiplicatevi;
y multiplicaos;

und füllet die Erde und macht sie euch untertan,
fill the earth and subdue it.
emplissez la terre et soumettez-la;
riempite la terra, rendetevela soggetta,
llenad la tierra, y sojugadla

und herrschet über alles Getier.«
Rule over every beast."
dominez sur tous les êtres vivants.»
dominate sopra ogni animale.»
y señoread en todas las bestias.

Und Gott sprach: »Ich habe euch gegeben
Then God said, "I give you
Dieu dit: «Je vous donne
Dio disse: «Ecco, io vi do
Y dijo Dios: He aquí

alle Pflanzen und Früchte zu eurer Speise.
every plant and fruit. They will be yours for food.
toutes les herbes et tous les fruits: ce sera votre nourriture.
ogni erba e ogni frutta; questo vi servirà di nutrimento.
que os he dado toda planta y todo fruto; os serán para comer.

Aber allen Tieren habe ich alles grüne Kraut gegeben.«
And to all the beasts, I have given every green plant."
Et à toutes les bêtes, je donne toute la verdure des plantes»
A ogni animale, io do ogni erba verde.»
Y a toda bestia, toda planta verde les será.

Und es geschah so.
And it was so.
Et il en fut ainsi.
E cosí fu.
Y fue así.

Und Gott sah an
And God saw all that
Dieu vit
Dio vide tutto quello
Y vio Dios todo lo

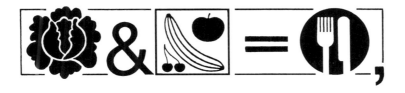

alles, was er gemacht hatte, und es war sehr gut.
he had made, and it was very good.
tout ce qu'il avait fait: cela était très bon.
che aveva fatto, ed ecco, era molto buono.
que había hecho y he aquí que era bueno en gran manera.

Da ward aus Abend und Morgen der sechste Tag.
And after the evening and morning there came the sixth day.
Il y eut un soir et il y eut un matin: sixième jour.
Fu sera, poi fu mattina: sesto giorno.
Y fue la tarde y la mañana el día sexto.

Und am siebenten Tage ruhte Gott von allen seinen Werken.
And on the seventh day God rested from all his work.
Au septième jour, Dieu chôma, après tout l'ouvrage qu'il avait fait.
Il settimo giorno, Dio si riposò da tutta l'opera che aveva fatta.
En el día séptimo Dios reposó de toda la obra que hizo.

Und Gott segnete den siebenten Tag und heiligte ihn.
And God blessed the seventh day and made it holy.
Dieu bénit le septième jour et le sanctifia.
Dio benedisse il settimo giorno e lo santificò.
Y bendijo Dios al día séptimo, y lo santificó.

So sind Himmel und Erde geworden, als sie geschaffen wurden.
This is the account of heavens and the earth when they were created.
Telle fut l'histoire du ciel et de la terre, quand ils furent créés.
Queste sono le origini dei cieli e della terra quando furono creati.
Estos son los orígenes de los cielos y de la tierra cuando fueron creados.

Juli Gudehus, 1992

Juli Gudehus gestaltet – aus eigenem Antrieb und im Auftrag. Sie berät, begleitet, koordiniert, recherchiert,
Juli Gudehus designs – both self propelled and commissioned.
Juli Gudehus compose – au gré de son désir ou de celui des autres. Elle conseille, chaperonne, collectionne,
Juli Gudehus crea – spontaneamente e su commissione. Accompagna, consiglia, coordina, confronta tra loro
Juli Gudehus diseña, lo lleva dentro y se lo piden de fuera. Aconseja y participa, coordina e investiga. Inspira,

sie regt sich auf, regt an, schreibt, sammelt, vergleicht Äpfel mit Birnen, stellt Verbindungen her,
She consults, collects, compares apples and oranges, she stimulates, surprises and speaks up,
coordonne et cherche, compare les pommes et les oranges, compte les pétales des fleurs; s'anime et anime.
le cose più disparate, chiede, propone, si emoziona, si meraviglia, si sofferma sui particolari, scrive, ricerca,
se emociona y colecciona, hila fino y carda lana, compara churras con merinas, busca lo que casa.

sie lernt, lehrt, liebt Farben, zählt Erbsen, zagt, fragt, wagt, wundert sich, und freut sich im Übrigen
she writes and wonders, adventures, argues, tests, teaches. She learns, links, loves colours and feels flattered
Elle s'éduque et inculque, raffole des couleurs, elle écrit, s'étonne et s'aventure; et se réjouit, par ailleurs, d'être,
raccoglie, stabilisce collegamenti, ama i colori, azzarda, tentenna, impara e insegna. Si compiace tra l'altro del
Escribe, aprende y enseña, de los colores se prenda; sopesa, pregunta y actúa. Se sorprende y le encanta

über das Kompliment Stefan Sagmeisters, »probably the purest conceptual designer« zu sein, die er kennt.
by Stefan Sagmeisters compliment to be "probably the purest conceptual designer" he knows.
suivant le compliment de Stefan Sagmeister «probably the purest conceptual designer» qu'il connaisse.
complimento di Stefan Sagmeister, che la ritiene «probably the purest conceptual designer» che egli conosca.
el cumplido con el que Stefan Sagmeister la retrata: probably the purest conceptual designer.

Idee, Konzept und Gestaltung: Juli Gudehus, www.juligudehus.net
idea, concept, and design: Juli Gudehus, www.juligudehus.net
idée, conception et réalisation: Juli Gudehus, www.juligudehus.net
idea, concezione e realizzazione: Juli Gudehus, www.juligudehus.net
idea, concepción y diseño: Juli Gudehus, www.juligudehus.net

Lektorat: Oliver Th. Domzalski, Herstellung: Constanze Hinz
editorial office: Oliver Th. Domzalski, production: Constanze Hinz
lectorat: Oliver Th. Domzalski, production: Constanze Hinz
lettorato: Oliver Th. Domzalski, produzione: Constanze Hinz
lectorado: Oliver Th. Domzalski, fabricación: Constanze Hinz

In Deutschland gedruckt.
Printed in Germany.
Imprimé en Allemagne.
Stampato in Germania.
Impreso en Alemania.

09 10 11   3 2 1
© Juli Gudehus /
Carlsen Verlag GmbH
Hamburg 2009
ISBN: 978-3-551-68453-0